Los indígenas americanos de Texas

Conflicto y supervivencia

Sandy Phan

Consultora

Devia Cearlock
Especialista en estudios sociales de jardín
de niños a 12.° grado
Amarillo Independent School District

Créditos de publicación

Dona Herweck Rice, *Jefa de redacción*
Conni Medina, *Directora editorial*
Lee Aucoin, *Directora creativa*
Marcus McArthur, Ph.D., *Editor educativo asociado*
Neri García, *Diseñador principal*
Stephanie Reid, *Editora de fotografía*
Rachelle Cracchiolo, M.S.Ed., *Editora comercial*

Teacher Created Materials

5301 Oceanus Drive
Huntington Beach, CA 92649-1030
http://www.tcmpub.com

ISBN 978-1-4333-7207-0

Tabla de contenido

Indígenas americanos en Texas

Vestían pieles de animales. Perseguían a animales gigantes hasta hacerlos caer de los riscos y los mataban con lanzas. Estos indígenas americanos iniciales probablemente fueron los primeros habitantes de Norteamérica, hace más de 11,000 años.

Con el transcurso del tiempo, estos pueblos antiguos formaron diferentes tribus indígenas americanas, cada una con su propia cultura. Algunas de esas tribus vivían en el área que en la actualidad se conoce como Texas. Alrededor del 1500 d. c. también llegaron europeos a Texas. Los europeos trajeron consigo armas y enfermedades nuevas que mataron a muchos indígenas americanos. Los europeos también se apropiaron de la tierra e iniciaron guerras.

Colón desembarca en el Nuevo Mundo.

Indígenas americanos se reúnen con los colonos europeos.

Durante el siglo XIX muchos estadounidenses y nuevos grupos indígenas americanos se trasladaron hacia el oeste, a Texas, y expulsaron a los indígenas texanos de sus tierras. Las tribus indígenas americanas de Texas también lucharon contra los mexicanos. Cuando Texas se convirtió en estado en 1845, Estados Unidos asumió el control de los indígenas americanos que vivían en Texas y creó leyes para trasladarlos a áreas especiales de tierra denominadas *reservaciones*.

Para 1875 todas las tribus indígenas americanas originales de Texas habían sido asesinadas o expulsadas del estado. En la actualidad solamente quedan tres tribus indígenas americanas en Texas.

Identidad equivocada

Cristóbal Colón fue la primera persona que llamó "indios" a los habitantes **indígenas** de América. Él pensó que había navegado hacia la India. En la actualidad llamamos "indígenas americanos" a los **descendientes** de estas personas.

Esta tierra es nuestra

Los indígenas americanos creían que todo el mundo tenía derecho a usar la tierra, las plantas y los animales de la naturaleza. Al principio ellos pensaban que los europeos solamente querían usar la tierra. Compartían felices los regalos de la naturaleza. Sin embargo, pronto supieron que los europeos tenían ideas muy diferentes sobre la tierra. Los europeos creían que una persona podía ser dueña de la tierra.

Los primeros pobladores de Texas

Los primeros indígenas americanos

Los indígenas americanos llegaron a Norteamérica por primera vez hace 13,000 a 40,000 años, durante la **Edad de Hielo**. Los glaciares, o capas gruesas de hielo, cubrían las regiones del norte de Asia y Norteamérica. Los océanos eran más bajos porque la mayor parte del agua del planeta estaba congelada. Algunos grupos de personas provenientes de Asia cruzaron un puente terrestre hacia Alaska, llamado *Estrecho de Bering*.

Los primeros indígenas americanos siguieron a animales gigantes hasta el sur de Texas y otras partes de Norteamérica. Cazaban con un palo especial llamado *atlatl*. Con él podían arrojar las lanzas más rápido y más lejos. Los cazadores ponían puntas hechas de piedra en los extremos de sus lanzas. También fabricaban herramientas de madera, hueso y asta.

Cazadores indígenas atacan a un mamut.

bisontes de cuernos largos
de la Edad de Hielo,
o búfalos americanos

Animales de la Edad de Hielo

Durante la Edad de Hielo vivieron mamíferos gigantes. Los mamíferos son animales de sangre caliente y con pelo. Alimentan a sus crías con leche. Entre los mamíferos que existieron en Texas durante la Edad de Hielo se encontraban los mamuts, o elefantes grandes y peludos. También había bisontes de cuernos largos o búfalos americanos. Los bisontes son animales grandes con pelo marrón y greñudo y cola larga. En la actualidad solamente existen los bisontes de cuernos cortos.

Pinturas en cuevas

Algunos de los primeros indígenas americanos de la región baja de Pecos, en el suroeste de Texas, vivían en cuevas. En las paredes de las cuevas hacían dibujos coloridos de animales y personas. Muchas personas creen que el arte en estas cuevas formaba parte de su religión.

Hace aproximadamente 8,000 años los animales gigantes de la Edad de Hielo se extinguieron. Los indígenas americanos comenzaron a cazar animales más pequeños, como ciervos y conejos, y a comer plantas silvestres. Las mujeres usaban fibras vegetales para fabricar canastas, sandalias y esteras para dormir. Alrededor del 500 d. c. los indígenas americanos empezaron a fabricar arcos y flechas. También hicieron alfarería para cocinar y guardar sus alimentos. Algunas personas vivían en aldeas y cultivaban plantas para alimentarse. Estos primeros indígenas americanos se convirtieron en las tribus que vivían en Texas cuando llegaron los europeos.

Los indígenas americanos ataban cabezas de flecha en el extremo de sus lanzas para cazar.

Vida en la aldea

Las tribus indígenas americanas que vivían en Texas en el siglo XVI se dividieron en dos grupos. Uno de los grupos era **nómada**, y se trasladaba a menudo para cazar y recolectar alimentos. El otro grupo vivía en aldeas y cultivaba la tierra. Los jumano y los caddo eran tribus agrícolas.

Los jumano vivían en el suroeste de Texas en pueblos, o casas de adobe que tenían la mitad enterrada y la otra mitad sobre tierra. En invierno trabajaban la tierra en el valle del río Grande, y plantaban frijoles, calabazas, maíz y tabaco. En verano cazaban bisontes en las llanuras. Los jumano usaban joyas de **coral** y de **turquesa** en las orejas y la nariz y se pintaban tatuajes a rayas en la cara y el cuerpo. Las mujeres cultivaban la tierra, cocinaban y se encargaban de los niños. Los hombres jumano trabajaban en el campo, cazaban y peleaban contra sus enemigos con garrotes de madera.

bisontes

Chozas de paja de los caddo

Los caddo vivían en los bosques de pinos del este de Texas y construían chozas de paja, altas y de forma cónica. Al igual que los jumano, los caddo cultivaban la tierra y cazaban para alimentarse. Las mujeres recolectaban plantas silvestres como bellotas, bayas y raíces. También fabricaban hermosa alfarería con diseños **grabados**. Los hombres caddo cazaban y pescaban. Algunos hombres usaban el cabello en una franja larga en el centro de la cabeza, llamado *mohawk*.

alfarería grabada caddo

Herramientas de los jumano

Los jumano usaban herramientas agrícolas fabricadas con palos y huesos de animales. Los hombres cazaban con arcos y flechas. Las cuerdas de los arcos estaban hechas con fibras de los músculos de animales, o tendones.

Ropa de los caddo

Las mujeres caddo fabricaban ropa para sus familias. **Curtían** las pieles de ciervos y alces. Luego teñían los cueros con tintes minerales y vegetales. Por último cosían los cueros con agujas de hueso e hilo de tendón para confeccionar **taparrabos**, camisas, polainas, vestidos y túnicas.

Tribus cazadoras y recolectoras

Entre los indígenas americanos nómadas de Texas estaban los apache lipan, los karankawa, los tonkawa y los coahuiltecano.

Los apache lipan se denominaban a sí mismos "pueblo del bosque". Cazaban bisontes en las llanuras del noroeste de Texas. Vivían en campamentos con sus grupos familiares y construían tipis. Los tipis eran viviendas móviles hechas con postes de madera y cueros de animales. Los niños lipan aprendían a cazar y a ser guerreros. Las niñas aprendían a cocinar, recolectar alimentos, tejer canastas y cuidar el campamento.

Los karankawa vivían en el sureste de Texas, a lo largo de la costa del golfo. Navegaban en canoas, cazaban caimanes con arcos y flechas, pescaban y recolectaban ostras en la bahía. En el verano, cuando los peces volvían a sumergirse en aguas profundas, los karankawa cazaban animales en tierra y buscaban plantas.

mapa de las tribus indígenas americanas en Texas alrededor de 1500 d. C.

KIOWAS

COMANCHES

WICHITAS

CADDOS

LIPAN APACHES

TONKAWAS

ATAKAPANS

JUMANOS

COAHUILTECANS

KARANKAWAS

tuna

anzuelo de pesca
karankawa

familia karankawa
y una canoa

Seis estaciones

Los apache tenían seis estaciones: pequeñas águilas (principio de la primavera), muchas hojas (fin de la primavera y comienzo del verano), hojas grandes (mitad del verano), muchas frutas (fin del verano y comienzo del otoño), Tierra Rojiza (fin del otoño) y Cara de Fantasma (invierno). Cada una de las estaciones era adecuada para recolectar diferentes plantas.

Caníbales

Algunas personas creían que los karankawa eran caníbales. Los caníbales son personas que comen la carne de otros seres humanos. Los karankawa y otros guerreros indígenas a veces comían a sus enemigos. Lo hacían para absorber lo que ellos creían que era el poder mágico del guerrero muerto. Pero no comían seres humanos para alimentarse.

El centro de Texas albergó a los onkawa, quienes se llevaban bien con la mayoría de las tribus vecinas. Los tonkawa campaban con los karankawa, cazaban bisontes e intercambiaban con los caddo, los umano y los coahuiltecano. Los españoles usaban la palabra *coahuiltecano* para referirse a cientos de pequeñas tribus de indígenas americanos del sur de Texas. Los coahuiltecano cazaban, recolectaban plantas y cosechaban la tuna, que es una especie de fruta del cactus.

Contacto con los europeos

Misiones e intercambio

Un explorador español llamado Alonso Álvarez de Pineda reclamó Texas para España en 1519. Sin embargo, los españoles prácticament ignoraron a Texas durante más de 160 años. En 1685 un francés llamado René-Robert de La Salle fundó una **colonia** cerca de a la cost este de Texas. Los españoles controlaban Nuevo México, México y algunas partes de la Florida cerca de Texas. No querían que Francia ocupara su territorio.

En el siglo XVIII España envió líderes para que gobernaran Texas y mantuvieran alejados a los franceses. Tanto los españoles como los franceses construyeron misiones en el área y querían que los indígena americanos se **convirtieran**, es decir, que cambiaran su religión por el cristianismo. Algunos grupos, como los jumano y los coahuiltecano, permanecieron cerca de las misiones. Esperaban que los europeos los protegieran de las tribus enemigas.

La Salle ingresa a una aldea caddo.

Muchas tribus indígenas americanas de Texas hacían intercambios con los franceses y los españoles. Intercambiaban pieles de animales por ropa y mantas. También comenzaron a usar herramientas, armas y cazuelas de metal. Algunos comerciantes franceses se casaron y vivieron con los caddo.

Los europeos trajeron nuevas enfermedades a Norteamérica. Los chamanes, o curanderos indígenas americanos, no podían curar estas enfermedades con su magia y sus medicinas. Miles de indígenas americanos de Texas murieron de **viruela**, **cólera** y **sarampión**.

Hernando de Soto

El nombre de Texas

En 1539 el explorador español Hernando de Soto desembarcó en la Florida. De Soto murió, pero su tripulación viajó por Texas en busca de tesoros. Sus hombres conocieron a los caddo, quienes dijeron que ellos eran *taysha*, o "amigos". Los españoles pensaron que así se llamaban los caddo y escribieron la palabra como *Tejas*. Con el tiempo, *Tejas* se convirtió en *Texas*.

Tigua

Los tigua eran un grupo de indígenas pueblo que llegaron a Texas en la década de 1680. Los españoles los expulsaron de Nuevo México para que no se sumaran a la **revuelta** de los indígenas pueblo. Los tigua eran agricultores que se establecieron a lo largo del río Grande. Se llamaban a sí mismos "ysletas del sur".

13

Caballos y armas

Los españoles trajeron caballos a Texas. Las tribus indígenas americanas intercambiaban caballos y los robaban a los españoles y a otras tribus. Estos animales cambiaron la manera en que los indígenas americanos encontraban alimento y peleaban. Los apache lipan se convirtieron en hábiles jinetes y guerreros. Asaltaban y atacaban a otras tribus y a los poblados españoles para conseguir alimentos y suministros. Los lipan dominaron las llanuras de Texas durante el siglo XVII.

A principios del siglo XVIII llegó un nuevo grupo de indígenas americanos provenientes del noroeste. Los comanche formaban parte de la tribu shoshone, o serpiente, de las montañas Rocosas. Los comanche, que contaban con más caballos que cualquier otra tribu indígena americana, utilizaban los caballos para cazar bisontes, para enfrentamientos y para asaltar. Empujaron a los lipan hacia el sur y lucharon contra los españoles. Para 1750 los comanche controlaban el noroeste de Texas.

enfrentamiento comanche a caballo

guerrero lipan

Caballos comanche

Los comanche eran expertos a caballo. Tanto los niños como las niñas aprendían a montar. Los guerreros podían disparar flechas con puntería perfecta mientras colgaban del costado del caballo.

Extinción cultural

La extinción cultural se produce cuando la cultura, o la forma de vida de un grupo, muere. Los jumano y los coahuiltecano fueron las primeras tribus indígenas americanas en desaparecer de Texas. Muchos murieron de enfermedades europeas. Algunos se convirtieron en esclavos de los españoles o se mudaron a México. Ya para el siglo XIX los jumano y los coahuiltecano se habían extinguido o fusionado con otros grupos indígenas americanos.

Los franceses intercambiaban armas con las tribus indígenas americanas de Texas. Estas usaban las armas para pelear unas con otras y atacar a las misiones y colonias europeas. Las tribus estaban enojadas porque los europeos se habían apoderado de la tierra y obligaban a su pueblo a trabajar como esclavos. En el fuerte Saint Louis, Texas, los karankawa pelearon contra los franceses. Los colonos habían tomado canoas de los karankawa y se habían negado a pagarlas, así que los karankawa destruyeron el fuerte de los colonos.

Expansión hacia el oeste
Expulsados de sus tierras

En 1783 los estadounidenses ganaron su independencia de Gran Bretaña y de inmediato comenzaron a expandirse hacia el oeste para abarcar más tierras. Numerosas tribus indígenas americanas del este que fueron expulsadas de su tierra llegaron a Texas. Los colonos estadounidenses no tardaron en seguirlos.

Los indígenas kickapoo llegaron desde la región de los Grandes Lagos. Pasaban una parte del año cultivando la tierra y otra parte cazando y recolectando. Los kickapoo lucharon junto a los británicos contra los estadounidenses. En 1819 **cedieron** sus tierras en Illinois a Estados Unidos. Luego algunos de ellos se trasladaron al noreste de Texas.

Las tribus alabama y coushatta vivían en Alabama, región controlada por los franceses. Cuando los británicos se apoderaron de sus tierras, se dirigieron hacia el oeste. Los españoles y los estadounidenses lucharon por la lealtad de estas tribus en la frontera entre Luisiana y Texas. Muchos alabama-coushatta se trasladaron a la región de Big Thicket en el sureste de Texas.

guerrero kickapoo

En 1803 Francia vendió el territorio de Luisiana a Estados Unidos; sin embargo, la región entre el río Misisipi y las montañas Rocosas incluía tierras de los caddo. Los estadounidenses pronto llegaron a establecerse en las tierras de los caddo. En 1830 Estados Unidos aprobó el Acta de remoción de los indios. Esta acta obligó a casi todos los indígenas americanos que vivían al este del río Misisipi a trasladarse hacia el oeste. Y así, más tribus de indígenas americanos llegaron a territorio caddo.

Acta de remoción de los indios de 1830

21st CONGRESS.
1st Session.

S. 102.

IN SENATE OF THE UNITED STATES.
February 22, 1830.

Mr. White, from the Committee on Indian Affairs, reported the following bill; which was read, and passed to a second reading:

A BILL

To provide for an exchange of lands with the Indians residing in any of the States or Territories, and for their removal West of the river Mississippi.

1   Be it enacted by the Senate and House of Representatives
2 of the United States of America in Congress assembled, That
3 it shall and may be lawful for the President of the United
4 States to cause so much of any territory belonging to the Unit-
5 ed States, West of the river Mississippi, not included in any
6 State, and to which the Indian title has been extinguished, as
7 he may judge necessary, to be divided into a suitable number
8 of districts, for the reception of such tribes or nations of Indi-
9 ans as may choose to exchange the lands where they now re-
10 side, and remove there; and to cause each of said districts to
11 be so described by natural or artificial marks, as to be easily
12 distinguished from every other.
1   Sec. 2. And be it further enacted, That it shall and may

La guerra de 1812

Los británicos querían establecer un área de indígenas americanos fuera del control de Estados Unidos. Muchos indígenas americanos ayudaron a los británicos a pelear contra los estadounidenses en la guerra de 1812. Esperaban detener la **expansión** de Canadá y Estados Unidos hacia el oeste. No hubo un ganador claro, pero los indígenas americanos perdieron el apoyo británico después de la guerra.

Senderos de Big Thicket

Los alabama y los coushatta vivían en el área salvaje de Big Thicket, adonde llegaban pocos colonos blancos. Los indígenas hacían senderos entre los árboles, que los ayudaban a obtener agua dulce y a trasladarse. Pero los estadounidenses usaban los senderos para avanzar hacia las tierras de los alabama-coushatta. Los colonos expulsaron a los indígenas americanos de sus tierras.

área de Big Thicket en el este de Texas

Guerras de independencia

México celebra su independencia de España.

En 1821 México ganó su independencia de España. Texas cayó bajo control mexicano, pero pocos mexicanos fueron a Texas. Era difícil viajar a través de la tierra caliente y rocosa del sur de Texas, y los comanche atacaban a las personas en esa región. México autorizó a algunos estadounidenses a establecerse en el sur de Texas, mientas que otros estadounidenses llegaron a Texas sin la aprobación de los líderes mexicanos.

Los colonos estadounidenses expulsaron a los karankawa de sus tierras. Los karankawa lucharon contra los comanche y los tonkawa antes de huir al sur hacia México, donde se les culpó de los asaltos. Otras tribus, como los apache lipan y los tonkawa se convirtieron en **escuchas** y ayudaron a los estadounidenses y a los mexicanos a luchar contra los atacantes comanche.

Los estadounidenses de Texas estaban desconformes con el dominio mexicano, pues no querían renunciar a su ciudadanía estadounidense ni convertirse al catolicismo. El gobierno mexicano declaró que debían pagar impuestos sobre las mercaderías estadounidenses y que no podían tener esclavos. En 1835 los estadounidenses se rebelaron. Ganaron la guerra y fundaron la República de Texas en 1836. Más colonos estadounidenses y tribus indígenas americanas del este inundaron Texas. Sin embargo, debieron competir con nuevos enemigos por la tierra.

anuncio para el libre paso hacia la República de Texas

TEXAS FOREVER!!

The usurper of the South has failed in his efforts to enslave the freemen of Texas.

The wives and daughters of Texas will be saved from the brutality of Mexican soldiers.

Now is the time to emigrate to the Garden of America.

A free passage, and all found, is offered at New Orleans to all applicants. Every settler receives a location of

EIGHT HUNDRED ACRES OF LAND.

On the 23d of February, a force of 1000 Mexicans came in sight of San Antonio, and on the 25th Gen. St. Anna arrived at that place with 2500 more men, and demanded a surrender of the fort held by 150 Texians, and on the refusal, he attempted to storm the fort, twice, with his whole force, but was repelled with the loss of 500 men, and the Americans lost none. Many of his troops, the liberals of Zacatecas, are brought on to Texas in irons and are urged forward with the promise of the women and plunder of Texas.

The Texian forces were marching to relieve St. Antonio, March the 2d. The Government of Texas is supplied with plenty of arms, ammunition, provisions, &c. &c.

Padre de Texas

Stephen F. Austin hizo un acuerdo con México para permitir a los estadounidenses el ingreso a Texas. En 1825 llevó más de mil **pioneros** a Texas. Fue un líder de la Revolución de Texas y es conocido como el padre de Texas.

Rangers de Texas

Rangers de Texas

Los *Rangers* de Texas son un grupo de agentes del orden, iniciado por Stephen F. Austin en 1823. Su trabajo era proteger a los colonos estadounidenses. Luchaban contra los asaltantes indígenas americanos, los bandidos mexicanos y los criminales. Los *Rangers* y los comanche eran enemigos acérrimos. En la actualidad, los *Rangers* de Texas forman parte del Departamento de Seguridad Pública del estado.

Eliminación y resistencia
Anexión de Texas

Estados Unidos **anexó** a Texas en 1845. Más estadounidenses se trasladaron hacia el oeste después de que Texas se convirtió en estado, y se establecieron en Texas o pasaron por allí. Muchos estadounidenses blancos lucharon contra los comanche y otros grupos indígenas americanos en Texas.

En 1854 el gobierno de Estados Unidos creó reservaciones para las tribus indígenas americanas en Texas. El agente indígena Robert Simpson Neighbors fundó la reservación Brazos en el noroeste de Texas. Los caddo, los tonkawa y otras tribus se trasladaron allí para escapar de los ataques comanche. Neighbors también creó la reservación de los indígenas comanche, o Clear Fork, a 40 millas (64 km) de distancia, donde vivían aproximadamente 450 comanche penateka. Los alabama y los coushatta se establecieron en una reservación en el condado de Polk, al este de Texas.

marido y mujer tonkawa

Otras tribus y grupos comanche continuaron atacando las colonias blancas. Mataban a los hombres y se robaban a los animales, mujeres y niños. Los estadounidenses echaban la culpa a las tribus de las reservaciones y querían que el gobierno los eliminara o matara. Algunos estadounidenses atacaron las reservaciones.

En 1859 Neighbors trasladó a los indígenas americanos de las reservaciones de Brazos y Clear Fork. Se unieron a otras tribus en el territorio indio de Oklahoma. La mayor parte de los caddo y tonkawa abandonaron Texas. Para la década de 1880 todos los apache lipan de Texas también se habían trasladado a reservaciones de Nuevo México y Oklahoma.

Cordial Neighbors

Robert Neighbors pensaba que los indígenas americanos podían **asimilarse** a la cultura estadounidense blanca. Quería enseñarles a las familias indígenas americanas a vivir como estadounidenses blancos. Sin embargo, a muchos texanos blancos no les agradaba Neighbors porque dio derechos a los indígenas americanos y trató de protegerlos. En 1859 un texano enfadado mató a Neighbors.

Vida en la reservación

Los indígenas americanos de las reservaciones de Brazos y Clear Forks cultivaban la tierra. Trataban de vivir pacíficamente cerca de los colonos estadounidenses. Pero la tierra no podía alimentar a todas las personas que vivían allí. El gobierno de Estados Unidos enviaba pocas provisiones. Las reservaciones quedaron desprotegidas de los atacantes comanche y estadounidenses.

mapa de Texas de 1876, donde Oklahoma figura como "territorio indio"

Resistencia comanche

Los comanche lucharon contra la colonización estadounidense más tiempo que cualquier otra tribu de Texas. Durante el siglo XIX los comanche atacaban a los colonos y comerciantes estadounidenses. También lucharon contra soldados, los *Rangers* de Texas y cazadores de bisontes.

Hacia 1849 Estados Unidos había construido fuertes en la Comanchería, o territorio comanche, para proteger las colonias blancas en la frontera. Algunos grupos comanche firmaron **tratados** de paz con Estados Unidos; sin embargo, los ataques por parte de ambos bandos continuaron. Estados Unidos se negó a trazar una frontera clara entre la Comanchería y las colonias blancas. Pero los comanche se negaban a abandonar sus tierras. Desde 1861 hasta 1865 numerosos soldados se fueron de Texas para pelear en la **guerra de Secesión**. Los comanche perpetraron más ataques en las llanuras y expulsaron a muchos colonos de la Comanchería.

Los comanche celebran un consejo para discutir sobre los colonos blancos que invadían sus tierras.

Los comanche se dirigen al Gran Consejo en Medicine Lodge.

Cynthia Ann Parker

En 1867 los comanche y Estados Unidos firmaron el Tratado de Medicine Lodge. Los comanche aceptaron mudarse a una reservación en territorio indio. Sin embargo, muchos comanche se quedaron en Texas o abandonaron las reservaciones para regresar a la comanchería. Los comanche kwahadi se negaron a abandonar sus tierras. Lucharon contra los cazadores de bisontes que exterminaban la principal fuente de alimento de los comanche. Pero en 1875 se rindieron en el fuerte Sill, Oklahoma, y se sumaron al resto de los grupos comanche de la reservación.

Cynthia Ann Parker

En 1836 un grupo de comanche atacó el fuerte Parker. Capturaron a Cynthia Ann Parker, de 11 años de edad. Más tarde ella se casó con el guerrero comanche Peta Nocona. El hijo de ambos, Quanah, se convirtió en jefe. En 1860 los *Rangers* de Texas "rescataron" a Cynthia Ann. Pero ella se sintió triste por estar lejos de su familia comanche.

Quanah Parker

En 1874 el jefe Quanah Parker lideró un ataque contra los cazadores de bisontes. Un chamán llamado Isa-tai creía que el Gran Espíritu protegería a los guerreros comanche. Pero los comanche perdieron contra las armas de largo alcance de los cazadores. Con el tiempo, los comanche dejaron de luchar, y su forma de vida llegó a su fin.

División de tierras tribales

A principios del siglo XIX los estadounidenses pelearon contra los indígenas americanos y se apoderaron de sus tierras. También trasladaron a los indígenas americanos a las reservaciones. Pero a finale del siglo XIX los líderes de Estados Unidos crearon leyes para dispersar las reservaciones.

En 1887 el congreso aprobó el Acta de asignación general de Dawes, o Acta Dawes. De acuerdo con esta ley, la tierra de las reservaciones se dividió en **parcelas**, o partes pequeñas. Cada familia indígena american recibió una parcela. Quienes apoyaban el acta esperaban que los indígenas americanos que cultivaran su propia tierra se adaptaran a la cultura estadounidense. El excedente, o sobrante, de las tierras de las reservaciones se regalaron o vendieron a los colonos estadounidenses. Las tribus indígenas americanas de Texas y de todo el país perdieron la mayor parte de sus tierras en las reservaciones. Las parcelas que se les asignaron eran en su mayor parte tierra desértica difícil de cultivar. No tenían herramientas agrícolas y necesitaban ayuda del gobierno.

John Collier posa junto a jefes indígenas americanos en 1934.

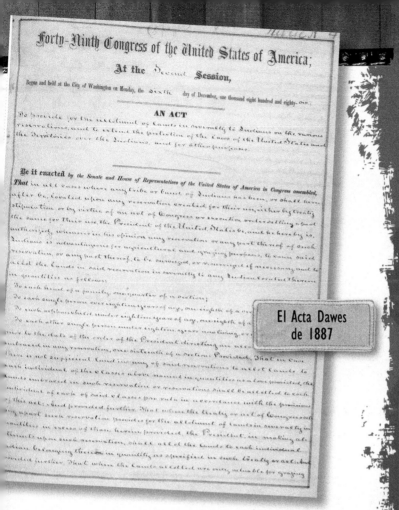

El Acta Dawes de 1887

El Acta Curtis

El Acta Curtis de 1898 eliminó las cortes tribales indígenas americanas. Todos los habitantes del territorio indio pasaron a estar bajo el control directo del gobierno de Estados Unidos. También permitió a la gente construir pueblos y escuelas públicas en territorio indio. Los indígenas americanos perdieron su gobierno tribal. Con el tiempo, se mezclaron con los pueblos de estilo estadounidense.

John Collier

John Collier fue un **reformador** que escribió el Acta de reorganización de los indios. Collier no creía que los indígenas americanos tenían que adoptar la cultura estadounidense blanca. Su acta suministró dinero a las escuelas indígenas americanas que enseñaban costumbres tribales. Collier también quería preservar las religiones y el arte indígena americano.

El congreso aprobó el Acta de reorganización de los indios en 1934. Esta acta dio por terminada la asignación de tierras. Le devolvía las tierras excedentes de las reservaciones a las tribus indígenas americanas. Permitió a las tribus gobernarse a sí mismas y creó fondos fiduciarios tribales. Estos fondos ayudaron a las tribus a abrir negocios y a mejorar sus escuelas. El acta no podía reversar tantos años de conflictos. Pero fue un comienzo para corregir el daño hecho a los indígenas americanos y su cultura.

Indígenas americanos de Texas en la actualidad
Los tigua y los kickapoo

adolescente tigua en ropas tradicionales

En la actualidad no queda ninguna de las tribus indígenas americanas originales que vivían en Texas cuando llegaron los españoles. Los coahuiltecano, los karankawa y los jumano ya no existen, y los caddo, los tonkawa y los comanche actualmente viven en Oklahoma. La mayoría de los apache lipan se trasladaron a Nuevo México. Las únicas tribus que quedan hoy en Texas son los tigua (o pueblo ysletas del sur), los kickapoo y los alabama-coushatta.

Los pueblo ysletas del sur, o tribu indígena tigua, viven en el condado de El Paso, en el oeste de Texas. Texas los reconoció como tribu indígena de Texas en 1967. Estados Unidos mantiene un **fideicomiso** para la tribu que ayuda a pagar el gobierno tribal y la vivienda. Los tigua dirigen un rancho ganadero y otros comercios. También comparten sus danzas tradicionales, joyas y alimentos con el público en su centro cultural.

jefes de los pueblo sostienen bastones de Lincoln

Los kickapoo viven en una reservación cerca de Eagle Pass, en el sur de Texas. Texas los reconoció como los indígenas kickapoo originales de Texas en 1983. Los kickapoo se hicieron agricultores cuando se trasladaron a Texas. Los kickapoo de Texas tienen una cultura muy similar a la de los kickapoo mexicanos, que aún viven en los tradicionales *wickiups*, o chozas de paja ovales.

Ciudadanos de Estados Unidos

Los indígenas americanos no siempre fueron considerados ciudadanos de Estados Unidos. Algunos se convirtieron en ciudadanos casándose con estadounidenses blancas o a través del servicio militar. Sin embargo, el Acta de ciudadanía de los indios de 1924 declaró ciudadanos estadounidenses a todos los indígenas americanos nacidos en Estados Unidos.

wickiups

Tribu alabama-coushatta

Los indígenas alabama y coushatta tenían relaciones amistosas con Texas y con los líderes de Estados Unidos. Gracias a esta relación, los estadounidenses no trataron de matarlos ni de expulsarlos de Texas. Las dos tribus se fusionaron y en la actualidad se les conoce como la tribu alabama-coushatta de Texas. Los miembros de la tribu sirvieron en las fuerzas armadas durante la Segunda Guerra Mundial. En 1948 Texas otorgó el derecho al voto a los alabama-coushatta. Su reservación está ubicada entre Livingston y Woodville, e incluye tierras alrededor del lago Tombigbee, donde miles de visitantes acampan todos los años.

adolescente alabama-coushatta en ropas tradicionales

La historia de los indígenas americanos en Texas incluye más de 400 años de conflictos. Los europeos, mexicanos y estadounidenses cambiaron para siempre la forma de vida de los indígenas americanos. Las enfermedades europeas eliminaron a grupos enteros. Los indígenas americanos también murieron luchando contra el hombre blanco y contra otras tribus en Texas. Los colonos y los cazadores expulsaron a las tribus indígenas americanas de su tierra natal. Las misiones y leyes impusieron costumbres europeas y estadounidenses a los indígenas americanos. Muchas tribus indígenas americanas abandonaron su forma de vida. Con el tiempo, sus ricas culturas desaparecieron.

Hoy en día, menos de un uno por ciento de la población de Texas es indígena americana. Sin embargo, las tribus indígenas americanas que sobreviven se enorgullecen de conservar viva su cultura. Comparten su cultura con otros texanos y la transmiten a sus hijos.

Lyndon B. Johnson firma el Acta de los derechos civiles de los indios en 1968.

Tribus reconocidas federalmente

Una tribu reconocida federalmente es una tribu indígena americana o nativa de Alaska que tiene su propio gobierno. Existen 565 tribus reconocidas federalmente. Estas tribus pueden recibir fondos y servicios del Despacho de Asuntos Indígenas. Las tribus indígenas americanas de Texas son tribus reconocidas federalmente.

Acta de los derechos civiles de los indios

El Acta de los derechos civiles de los indios fue aprobada en 1968. Es como la Declaración de Derechos incluida en la Constitución de Estados Unidos. Protege los derechos básicos de los indígenas americanos. El acta dice que las leyes tribales no pueden quitarle los derechos y las libertades a una persona.

Glosario

anexó: se apoderó de un territorio y lo hizo parte de un territorio más grande

asimilarse: ser absorbido por la cultura de un grupo

atlatl: un palo especial que los primeros indígenas americanos utilizaban como instrumento para cazar animales grandes

cedieron: se rindieron o renunciaron formalmente a algo, usualmente por medio de un tratado

cólera: enfermedad estomacal grave

colonia: un país o área bajo el control de otro país; el grupo de personas que viven ahí

convirtieran: adoptaran creencias religiosas nuevas

coral: esqueleto de un animal marino que se usa en joyería

curtían: convertían en cuero la piel de un animal, utilizando ácidos vegetales amarillos o cafés

descendientes: gente que puede rastrear a sus ancestros o su linaje hasta un grupo en particular

Despacho: una división de un departamento de gobierno

Edad de Hielo: período en que los glaciares cubrían gran parte del planeta; el más reciente terminó hace 10,000 años

escuchas: espías, traductores y guías de los militares

expansión: el acto de desplegarse o agrandarse

fideicomiso: acuerdo en el que el gobierno controla las tierras de una nación indígena

grabados: tallados, esculpidos o estampados

guerra de Secesión: la guerra entre el norte y el sur en Estados Unidos desde 1861 hasta 1865

indígenas: gente que vive o nació en una región o área en particular

nómada: que no tiene hogar fijo; que se mueve con las estaciones del año en busca de alimento

parcelas: pequeñas secciones de terreno

pioneros: exploradores o colonizadores de una nueva tierra

reformador: una persona que cambia las leyes para corregir errores y mejorar la sociedad

reservaciones: áreas de tierra separadas por el gobierno federal para los indígenas americanos

revuelta: rebelión o lucha contra la autoridad

sarampión: enfermedad contagiosa que causa fiebre y puntos rojos en la piel

secesión: dejar un país y formar un gobierno nuevo

taparrabos: tela que se usaba alrededor de las caderas

tratados: acuerdos legales entre dos gobiernos

turquesa: piedra semipreciosa, verde azulada, que se utiliza en joyería

viruela: enfermedad viral que causa fiebre y brotes en la piel

Índice

¡Es tu turno!

Los indígenas americanos fueron las primeras personas que vivieron en Texas. Algunas de las tribus de Texas eran de agricultores que vivían en aldeas permanentes. Otras eran de cazadores nómadas. Eran habilidosos para andar a caballo. Todas las tribus de Texas sufrieron un impacto con la llegada de los colonos europeos. Fueron obligados a cambiar su forma de vida. Finalmente, la mayoría de los indígenas americanos se vieron obligados a irse de Texas y a establecerse en reservaciones en Oklahoma.

Un discurso poderoso

Piensa en cómo los comanche reaccionaron ante la colonización europea de Texas. ¿Qué piensas que este líder comanche habrá dicho a su tribu? Imagina que tú eres el líder en esta imagen. Escribe el discurso que le darías a tu tribu.